造船坊

传统文化中的 STEAM

传统文化与科学的巧妙融合
文理兼修的跨学科学习

郝京华　王伟群　主编

U0314408

化学工业出版社

·北　京·

图书在版编目（CIP）数据

传统文化中的STEAM. 造船坊/郝京华，王伟群主编. 一北京：化学工业出版社，2023.5（2024.8重印）
ISBN 978-7-122-42958-2

Ⅰ.① 传… Ⅱ.① 郝… ② 王… Ⅲ.① 科学知识-青少年读物② 中华文化-青少年读物 Ⅳ.① Z228.2 ② K203-49

中国国家版本馆CIP数据核字（2023）第029514号

出 品 人：李岩松
责任编辑：郑叶琳 张焕强
文字编辑：张焕强
责任校对：宋 玮
书籍设计：尹琳琳

出版发行：化学工业出版社
　　　　　（北京市东城区青年湖南街13号 邮政编码100011）
印 装：盛大（天津）印刷有限公司
710mm×1000mm 1/16 印张6$\frac{1}{4}$ 字数 132千字
2024年8月北京第1版第3次印刷

购书咨询：010－64518888
售后服务：010－64518899
网 址：http://www.cip.com.cn
凡购买本书，如有缺损质量问题，本社销售中心负责调换。

定 价：28.00元

编写人员名单

主编：郝京华　王伟群

副主编：叶　枫　方锦强

执行副主编：单道华

编写人员：单道华　江凌昊

前言

你一定知道中国古代有造纸术、印刷术、火药、指南针四大发明，它们对人类的文明发展起过非常重要的作用。但你知道吗，中国古代伟大的发明远不止这几项。我们还有长江流域河姆渡文化给我们留下的七千多年前的稻作农业文明，还有黄河流域仰韶文化给我们留下的五千多年前绚烂的彩色陶器，还有中原殷商文化给我们留下的三千多年前青铜冶炼技术……除了这些，我们的祖先在农学、医学、天文、历法、地学、数学、运筹学、工艺学、水利学、灾害学等领域也都取得过卓越的成就，向世界提供了丝绸、瓷器、茶叶等凝结着中华民族心智和汗水的技术产品，也给地球留下了雄伟的万里长城、绵延的大运河、无数雄伟壮丽的宫殿、巧夺天工的桥梁、诗意盎然的园林……

绵延不断的悠久历史，积淀了深厚的中华文化；中国古代的科技发明犹如璀璨的明珠，在历史发展中熠熠生辉。

《传统文化中的 STEAM》选取了若干与古代科技有密切关系的物化的传统文化项目，编辑成9个分册，包括《书印坊》《玩具坊》《染料坊》《某器坊》《造船坊》《酿造坊》《烧造坊》《建造坊》《计量坊》等等。

每册书包括 6～8 个主题，每一个主题包括四个内容版块，即探文之源、践古人之行、析科技内涵、观后续发展。

　　探文化之源版块主要介绍该科技用品的结构、用法、历史及对社会、经济、文化等方面的影响。践古人之行版块提供了动手做的器材和步骤，编者希望读者在过 DIY（自己动手做）瘾的同时，能更深层次地领略古人的智慧。析科技内涵重点在解析这些科技用品中蕴含的科学原理。中华先民当时是凭经验做出这些科技用品的，可能并不清楚其中的科学原理，析科技内涵这一版块可以为我们解密。观后续发展交代的是该科技用品现在的命运：它们中有的还在沿用，如风筝、都江堰，有的则进了博物馆，如陶器、雕版。无论如何，龙的传人都应该铭记我们先民曾经有过的辉煌。

　　中华优秀传统文化是"中华民族的基因"，是"民族文化血脉"，是"民族精神命脉"。多了解一些中国优秀传统文化及其蕴含的科学，你一定会为我们先人的智慧折服，你也一定能更好地理解上下五千年中华民族生生不息、屹立世界东方的道理。中华优秀传统文化是我们民族自信的水之源，木之本。少年强则国强，希望你通过对传统文化的 STEAM 学习，吸收文化养分，激发创造潜能，提高民族自信。未来是你们的！

目录

剞木成舟

独木舟

造虹坊

探

文化之源

远古时期，先民为汲水和渔猎的方便，都喜欢伴水而居。有时，他们还需要渡河。你知道那时的人们是如何渡河的吗？

史前

古人使用腰舟

汉代

出现了羊皮筏

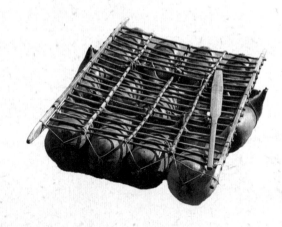

唐代

独木舟的使用仍很普遍

元代

《卢沟运筏图》
中的木筏

明代

明仇英摹
《清明上河图》
中的筏子

独木舟，顾名思义，就是用一根木头制成的船。

独木舟是谁发明的，已无从考证。但通过对出土文物的测定，我们知道，在一万年前的新石器时代就已经有独木舟了。

那可是只有石斧、石刀的时代哦！那个时候先民是怎么掏空树干的呢？

用火烧法掏空树干

刀砍、斧凿法掏空树干

听过"刳（kū）木为舟"这个词吗？刳木就是把一整根大木头中间掏空，使它成为能够渡水的小船。独木舟是船的先祖，舟一般是指排水量小的船。这下，你知道为什么舟可以称为船，船不能称为舟了吧！

与舟有关的成语有不少。除了下面这些，你还能找到哪些和舟有关的成语？

刻舟求剑　　风雨同舟
舟车劳顿　　木已成舟
⋯⋯

刻舟求剑

想不想自己动手制作一个独木舟模型？一根胡萝卜就可以实现你的愿望。

1 找一根大些的胡萝卜和挖凿的工具。

注：图中的不锈钢双头挖勺可在网上购买，也可用其他相似工具替代。

铲　刮

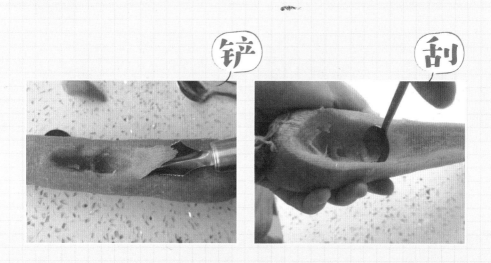

2 用铲、挖、刮、刨等方法将胡萝卜中间挖空。
注意：要一点点地挖，防止胡萝卜断裂。

3 将"独木舟"放入水中，再放进几枚硬币试试，看看独木舟是否能浮在水面。_

如果要想让"独木舟"承载更多的硬币，可以怎么做？

利用救生圈的浮力，人就可以浮在水面上

为什么腰舟、木排、独木舟能浮在水面上？这是因为它们受到了向上的浮力。你一定感受过浮力——当你想把皮球或救生圈按入水中时，是不是感到有一股向上的力在顶着你的手？那就是浮力。

所有放入水中的物体都会排开水，都会受到浮力，为什么有的浮，有的沉呢？原来，当浮力小于重力时，物体就会沉入水中。而浮力大小是由物体排开水的重量决定的，排开的水量相同，则所受浮力也相同。用7个完全一样的瓶子装入不同的物质，然后完全放入水中。你瞧，这几个完全相同的瓶子，完全放入水中后排开水的量是一样的，所以最开始所受的浮力是相同的；但是由于里面装的东西不同所受重力不同，最终放在水中才有沉有浮。

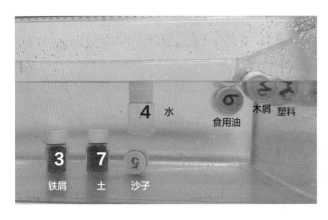

有浮有沉

序号	4	6	1	2	3	5	7
瓶中物质	水	食用油	塑料	木屑	铁屑	沙子	土
重力	32.5gf	30.5gf	21gf	14.5gf	42gf	36gf	34gf
瓶子完全浸入水中受到的浮力	32.5gf	32.5gf	32.5gf	32.5gf	32.5gf	32.5gf	32.5gf
瓶子在水中的沉浮状态	悬浮	浮	浮	浮	沉	沉	沉

　　装满铁屑、沙子、土的瓶子放入水中，受到的浮力约为32.5克力，都小于受到的重力，所以它们是沉入水中的。

　　木头本来就能浮在水面上，把木头中间掏空做成独木舟，这时木头变轻了很多，载人装物后，只要它的总重量没有超过水给它的浮力，它就能漂在水面上。

想一想，为什么整根胡萝卜放入水中会下沉，而挖空的胡萝卜会浮起？

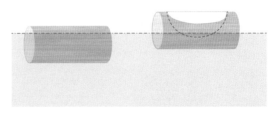

掏空的木头变轻了

独木舟船体很窄，人站在上面会让重心过高而容易发生倾覆。借助塑料空心小球和一块可塑橡皮我们可以观察到这个现象。

在塑料空心小球任意位置粘贴一小块可塑橡皮，将球以任意部位放入水中，它都会迅速转动直至可塑橡皮位于正下方。放到桌面上，也差不多。这说明重心低时物体更稳定。

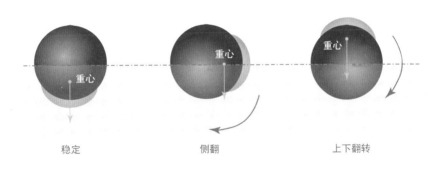

稳定　　　　　　　侧翻　　　　　　　上下翻转

重心过高时，小球容易发生翻转

因此，工匠们会将独木舟的重量主要集中在底部，通过降低舟的重心来提高独木舟稳定性。你一定发现了，这与玩具"不倒翁"的制作原理多么相似！

想一想，为什么要蹲着上下独木舟？

如今，独木舟和浮具并未完全退出历史舞台。海南、云南、贵州以及台湾的一些地方，至今仍在继续使用传统的渡水浮具。独木舟也变身为龙舟和皮划艇，成为当今人们热衷的水上文化体育活动的重要工具。

黎族葫芦舟

海南岛的黎族是使用渡水葫芦最多的民族。过河前他们会将衣物、食物放入葫芦里，加上盖，人抱葫芦巧渡河。2007年8月，黎族渡水腰舟习俗被列入海南省级非物质文化遗产名录。

龙舟竞渡

划龙舟比赛

划龙舟是中国民间传统水上体育娱乐项目，是一种多人集体划桨竞赛。一只龙舟由龙头、龙尾、干船、闸水板、龙篸、舟桡等部分拼装而成。龙头用各种造型代表参赛队的理念与追求。

龙舟竞渡活动既能保持和延续民族的传统文化，又能增强人们的体质，更重要的是，它彰显了中华民族的精神——团结一致、奋勇前进。随着时代的发展，此项运动已成为国际竞技比赛项目。

皮划艇运动

皮划艇运动

皮划艇运动，既有激烈的对抗和竞争，也能充分展现运动之美和韵律之美，深受水上运动爱好者喜爱。现代皮划艇多使用塑料、玻璃钢或碳纤维来制作，比起独木舟是不是进步了很多？

木板船

合围成船

造虹坊

大约在3000年前，我国出现了木板船。木板船是在独木舟、木筏的基础上发展起来的。在浮筏的两边添加木板，再填充缝隙，便改进成了平底的木船。仿照独木舟的样子将木板拼接起来，渐渐演变成了尖底或圆底的木船。

平头平尾三板船

木船板材之间的拼接早先用的是绳子，后来采用铁箍、榫卯方式拼接，再在木板接缝处填充油灰防漏。

铁箍

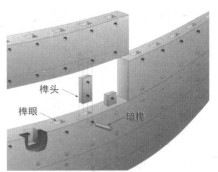

榫卯

起源于福建的福船，是最著名的尖首尖底船型的代表，适用于南方沿海水较深、礁石较多的水域；沙船则是方头平底船的代表，能够适应北方沿海沙滩多的地方。

福船

沙船

　　大约在宋代，我国就率先发明了船体的龙骨结构。龙骨位于船底部中央，贯通首尾，连接船首柱和船尾柱，龙骨的上面有横向的船肋加固；龙骨结构包括主龙骨、旁龙骨、肋骨等多个部分。龙骨结构可以支撑船身，使船身更加坚固稳定。由于吃水深，它使船体抗御风浪的能力变得更强。欧洲船只于19世纪初才开始采用这种龙骨结构，比中国晚了数百年。

中国古代船舶的龙骨结构是造船业中的一项重大发明，对世界船舶结构的发展产生了深远的影响。

主龙骨

龙骨船

龙骨结构

木板船开辟了造船工艺的新纪元。我国先后制造出大小不一、性能优良、千姿百态的各种船舶。从古代画作中，古人乘坐各式各样的木板船，或游乐，或捕鱼，或渡河，或运货，或征战，在一条又一条河流上穿梭。

宋代摹本《洛神赋图》中的双体游舫

明代仇英《赤壁图》中的木板船

舢板船又叫三板船，是最简单的木板船。你想试着做一个吗？

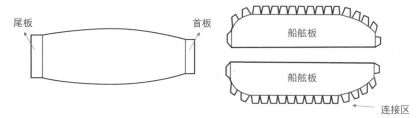

1 用铅笔在A4卡纸上画出船底形状和两侧船舷板的形状。船舷板弧线要能与船底弧线重合。

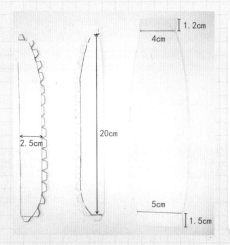

①折：用笔在需要折叠的地方用力画两下，可以折得很平直。

②摆：粘接前，先摆一摆、拼一拼，找准粘接位置。

③粘：先粘接船尾，再依次粘贴其他部位；涂胶水时，胶水要少；如果使用双面胶，不要急着把所有的蜡纸撕掉，可以一个个依次粘接。

④整：检查移位情况，如果有移位，在胶干前平移回原处。

2 沿着外轮廓，把船底和两侧船舷板剪下来。

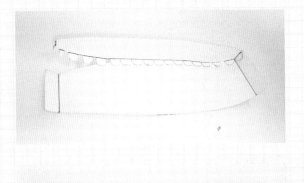

3 将两侧船舷板、首尾板粘接，连成一体。

想一想，木板船为什么会取代独木舟？它有什么优势？可以解决哪些问题？

中国古代木板船种类繁多，大都具有一个基本特征，就是船型的最宽处在中部靠后的地方，不像西方船舶最宽处在中部靠前的地方，或者正中处。原来，欧洲人按照鱼的外形来造船，中国人按照在水面上浮游的蹼足水鸟的外形来造船。

游鱼

蹼足水鸟

古人在航行实践中意识到，船在航行中会遇到水的阻力。为了减小水的阻力，他们有意把船体做成两头窄的瘦长形状。为什么要把船建成前窄中宽后面又比较窄的流线型呢？原来，方形船在行驶时会激起巨大的水波，增大行驶阻力，这种船型受

水流方向一致，流速相同	不同船体形状	受到的阻力倍率
→	（椭圆形）	1
→	（三角形）	9～12倍
→	（圆形）	10～14倍
→	（方形）	25～27倍

到的阻力是流线型船体的20多倍。把船做成流线型后，压力会缓缓地上升和下降，能将前后压差降到最小，此时阻力就小。变化越平缓的流线型，阻力越小。

想一想，渔民发现金枪鱼比金鱼游得快，你能解释这种现象吗？

相对于独木舟，木板船的体积增大了，船排开水的体积也大大增加，产生的浮力也就更大，因此载重量就大了。

龙骨结构用坚固的材料贯通整个船体，是船承压的主体，有效地支撑了船身，保证了船舶的纵向强度和横向强度，使船只更加坚固。

龙骨结构除了能抵抗水对船体的压力，承受住货物的重压，抗御风浪的冲击之外，还有流体动力学上的作用。以宋代尖底海船为例，船舶形状为上宽下窄，底部是尖的，尖底上设置了贯通首尾的龙骨，船底形成一种流线型构造。这种上宽下窄的设计虽然不够稳定，但因船只的下半部分在水面以下，而龙骨结构又比较沉重，吃水较深，因此并不会影响行船的稳定性，反而大大减小了船只前行的阻力，节省了动力，保证了行船的速度。

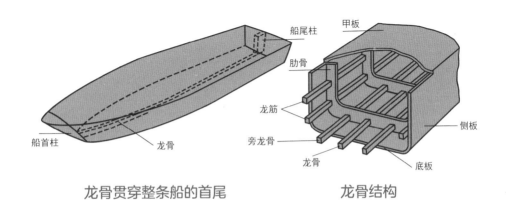

龙骨贯穿整条船的首尾　　　　**龙骨结构**

大约在3000年前就出现的木板船并未退出历史舞台，如今仍然是我国内河和沿海最普遍使用的小型船只。

船体材料的演变

随着材料科技的进步，近代船体使用了水泥、钢材、铝、玻璃纤维、亚克力和玻璃钢等复合材料。

水泥船船体是用水泥、砂石、钢筋或钢丝网加工而成，具有较强的抗腐蚀性和耐久性，造价低廉，维修保养费用低，深受养鱼农户青睐。

水泥船

钢材比木材承受负荷的性能更优越，搭配上先进的焊接技术，使钢船具有更高强度和水密性。第二次世界大战之后，钢船迅速在世界各地普及开来，20世纪已是钢船的时代。

大型集装箱船

玻璃钢快艇

玻璃钢是一种复合材料，大名叫纤维增强塑料。其材质构成大多为玻璃纤维，又因其质地较硬，所以被称为"玻璃钢"。它具有与钢相近的强度、耐腐蚀、维护成本低、可整体成型施工、自重轻、节能好。不过，对于运输沉重的货物来说，钢船仍是首选。

采用轻质复合材料建造船体和结构物，可以极大地减轻船只重量，不仅可以提高燃油效率和航速，也增加了货物容量。同时，复合材料还具有耐腐蚀、无磁性、可塑性好等优点。通过加快复合材料的设计和研发，能进一步推动船舶的规模化发展。

层出不穷的新型船

造船师们根据现代生活的需要创造出了各种新型船只，有的外形独特，有的功能一流。

登陆艇的船身使用平底设计，与平底沙船造型十分相似，可以运送登陆兵及其武器装备在岸滩直接登陆。还有能供舰载机起飞和降落的航空母舰，能在极地冰区开辟航道的科学考察破冰船，能在海洋中旅游航行的豪华游轮；还有吃水浅、速度快、航行平稳的双体小型客船，外形酷似蜘蛛的运输船，等等。

    未来的船型主要朝着多体方向发展变化,除了双体船,还会有三体船甚至是五体船。快来畅想一下未来的船型,或许未来船型会由你创造!

水密隔舱

水能载舟，亦能覆舟。普通船只一旦船体破损进水，如不及时采取措施，最终都会沉没。1000年前的唐宋时期，中国船舶在海上触礁、船壳破裂却能继续航行，直抵口岸加以修复，其中的奥秘就在船体内的水密隔舱。

敦煌壁画《观音救海难》

所谓水密隔舱，就是用隔舱板把整个船舱分隔成互不相通且不透水的舱室。在每个隔舱板的下方都会开有一个流水孔。流水孔不大，多呈方形或拱门形，需要时马上可以塞紧。船只越大，隔舱就越多。水密隔舱平时用来放货，最重要的功能是保证船只安全。

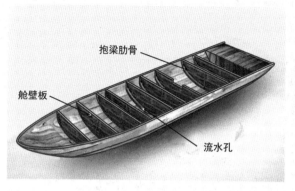

抱梁肋骨

舱壁板

流水孔

水密隔舱结构

　　如果一艘船发生了意外，比如撞上暗礁，或是被寻找食物的鲸鱼撞击，有了水密隔舱，水只会进入破损部位的隔舱，而不会从一个隔舱流到另一个隔舱。即使两三个隔舱同时进水，仍有多个没有进水的隔舱保持船的浮力，船仍然是安全的。

有水密隔舱的船底破损后

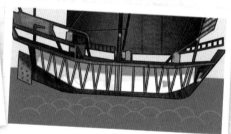

无水密隔舱的船体破损后

水密隔舱这项设计，不仅可以降低沉船的风险，还可以加固船体，有利于充分利用船内空间。在运载货物时非常有利于货物的装卸和管理。

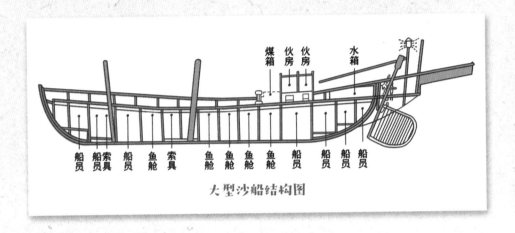

大型沙船结构图

"水密隔舱"是中国造船技术上的一大发明，起始于晋代，唐宋以后便在海船中被普遍采用。同时，水密隔舱也是中国对世界造船技术的一大贡献。世界其他国家直到18世纪末，才吸收了我国这一先进技术，开始在船上设置水密隔舱。

明朝海上丝绸之路上的水密隔舱船

西方学者认为，中国人发明水密隔舱，是受竹节的启发，而欧洲没有竹子，所以没有这方面的灵感。看来，我们祖先很早就有仿生学的意识了。

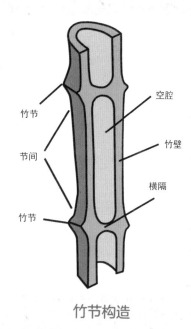

竹节构造

让我们建造一艘有水密隔舱结构的"大船"吧！

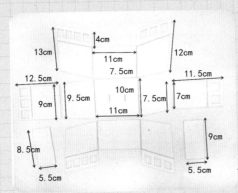

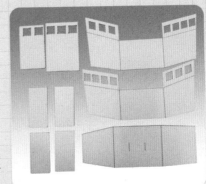

1 按照尺寸在2毫米厚的 PVC 发泡板上绘制船体各个部分。

2 用剪刀剪出船体的各个部分。

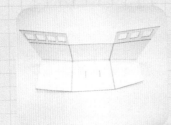

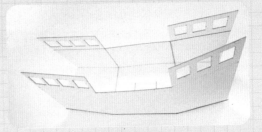

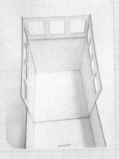

3 用热熔胶将船底与两面的侧板粘接；再将船体的前后挡板分别插入侧板之间，用热熔胶粘接。

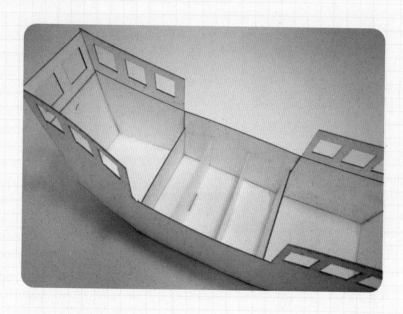

4 　根据船舱宽度，用剪刀把隔水板修剪到合适的大小，用
　　热熔胶把隔水板粘接在船舱内。

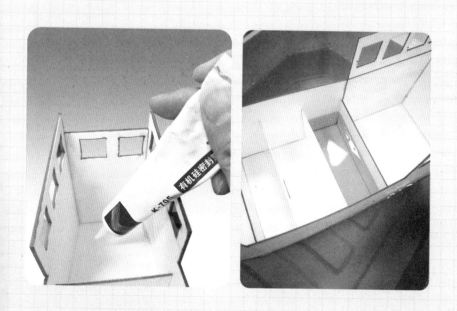

5 　最后，查找船体中的缝隙，用密
　　封胶填补缝隙。

古人发现设置水密隔舱可以增强船体构造强度。水密隔舱板与船壳紧密结合，能将船壳受到的压力通过隔舱板分散到各个地方，从而增强船体横向强度和抵抗侧向水压的能力，让船体承受内部货物的重压和外部压力而不变形。所以，郑和船队才能在洪涛巨浪面前，"悠然顺适，倏忽千里，云驶星疾"。

做完下面这个实验，也许你就可以理解水密隔舱能提高船舶安全性的原因了。

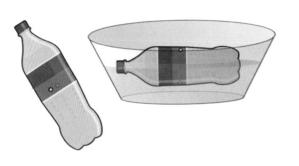

1 取一个大可乐瓶，在瓶身相对位置各戳一个孔，将可乐瓶平放水中，一孔朝上一孔朝下。

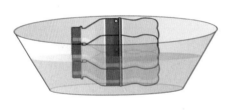

2 再将三个小可乐瓶用橡皮筋捆在一起，在其中一个可乐瓶瓶身上下各戳一个孔，一孔朝上一孔朝下，放入水中。

一段时间后，观察它们的变化，比较它们在水中的状态有何不同。

再来试一试：找一个内部有活动隔板的透明药盒，从不同方向捏一捏，感受用多大的力才能让外壳变形。取出所有内部隔板再感受一下，用多大的力能让外壳变形。比较前后两次用力大小是否不同。

现在你能解释水密隔舱为什么能让船体更坚固了吗?

　　别看水密舱板下部的流水孔（过水眼）不大，但它能提高船舶的稳定性。当涌上甲板的海水流入不同的船舱，流水孔能让积水在舱底流动起来，自动调整船舶的平衡，不至于向一端倾斜。当某个隔舱因破损进水后，只需将两侧过水眼及时堵上，就能阻止水流到其他隔舱了。

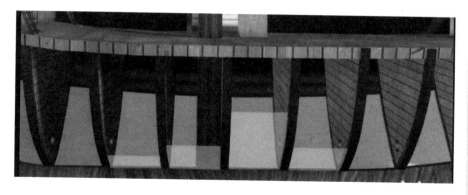

水密隔舱

中国船舶采用的水密隔舱结构，很早就受到其他国家的赞赏，后来被欧洲乃至世界各地的造船工艺所吸取，至今仍是船舶设计中重要的结构形式。

1912年沉没的"泰坦尼克号"豪华邮轮虽然建有16个水密隔舱，不幸的是撞上冰山后，海水大量涌进了5个水密隔舱，超过了本身能承受4个隔舱进水的极限。更要命的是，这艘船的水密隔舱没有封顶，海水会依次蔓延到其他隔舱。尽管"泰坦尼克号"的水密隔舱技术并不完备，但它还是为"泰坦尼克号"争取了2个小时40分钟救援时间，使得700多人幸免于难。

为保证海上航行时的生命安全，1914年5个国家首次签署了《国际海上人命安全公约》，其后多次进行修订。公约中的重要内容之一，就是对船舶设置水密隔舱的数目提出了要求。公约规定依据船舶大小、用途，设置水密舱壁的最少数量，达不到要求，既不许建造，也不会颁发允许航行的证件。

如今的船舶越造越大，都有很多隔舱。据说，美国的尼米兹级航空母舰有2500多个隔舱，为世界之最。

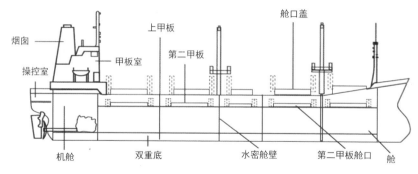

烟囱

操控室

甲板室

上甲板

第二甲板

舱口盖

机舱

双重底

水密舱壁

第二甲板舱口

舱

轮船构造示意图

　　现代远洋航行的客轮和货轮，隔舱之间虽然没有了过水眼，但大都有双层船底，就是在船舱下面还有一层底舱。这个设施也能增加现代船舶的安全性。如果外板破损进水，水只能流入底舱，不会流到客舱和货舱里去。正常情况下，底舱装载柴油燃料或淡水，在航行中能通过其流动自动调节船只的稳定性，减弱船体在风浪中的起伏，增加航行中的稳定性和安全性。

　　造船业的水密隔舱技术，已成为中华民族宝贵的文化遗产，于2010年被列入联合国教科文组织《急需保护的非物质文化遗产名录》。

剚木为楫

桨

漂浮在水面的独木舟、竹排、木板船是如何前行的呢?

先民用的工具有篙,还有桨。篙是一根用于撑船的长竹竿或木棒,是最简单的推进工具。篙的特点是"撑",一艘船通常由两人轮流持篙撑船。人们将篙撑在水底或岸边,然后由船首走到船尾,船便向反方向前进。虽说如此,在拥挤的河道中撑船,船夫也得身怀绝技。

篙,适合于浅水河道和近岸航行,要是江宽水深,船在江中,那就篙长莫及,无处可撑了。桨,上小下宽,船夫手握桨把,将桨板插入水中向后拨水,船就会向前行进。划桨不受水域深度和宽度的限制。

古有伏羲氏"刳(kū)木为舟,剡(yǎn)木为楫(jí)"的传说。桨最早出现在哪个年代,尚无定论。考古专家在浙江余姚河姆渡遗址出土的7000年前的独木舟旁就发现了各种形态的木桨。据此推测,桨应该与独木舟同时发明,且在8000年前甚至更早一些。楫,是古人对船桨的称呼。我国是舟的故乡,也是桨的故乡。

河姆渡遗址出土的木桨

《姑苏繁华运河图》

推动小船行进，一人一桨、一人双桨就够了。有时一条船上既有篙又有桨。为了提高船速或驾驭更大的船，就要增加船桨。"桨多力量大"，桨手整齐划一的动作可以让船快速前行。历史上最大的多桨船竟然足足有160支桨。

古代划龙舟声势

划龙舟

传统文化中的 STEAM
造船坊

前面已经做好了木板船，现在参考下面的步骤，为你的木板船添上推进工具——篙和桨吧！

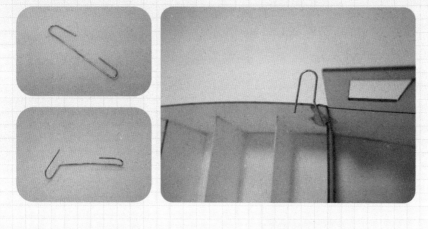

1 把回形针如上图弯制后，贴在左侧船舷上，
用热熔胶固定。

2 将竹棒下端从孔中穿出，伸至水底用力撑住，上端缓慢向
前移动，观察船的运动情况。

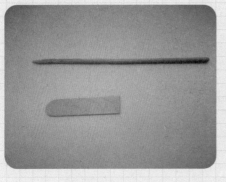
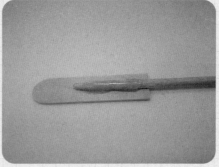

3 用热熔胶将竹棒与雪糕棒粘接，做成一支船桨。

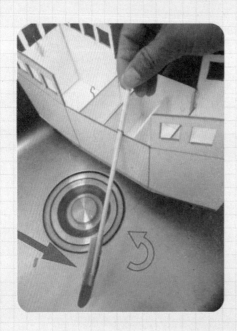

4

用热熔胶把另一枚回形针固定在右侧船舷上，将船桨从中穿过，试着在水中划一划，观察船体是否会行进。

人们用篙向后撑水底或岸边物体，用桨向后划水，之所以能使船向前，是因为它们都利用了反作用力。

力的作用是相互的。这个定律最先由英国著名物理学家牛顿提出。生活中到处都有作用力和反作用力。手拍桌子，手因为桌子的反作用力会感到疼；穿着轮滑鞋用手推面前的墙，人受到墙的反作用力会向后滑。现在，你明白用力向后撑篙或划水，船却向前的原因了吗？

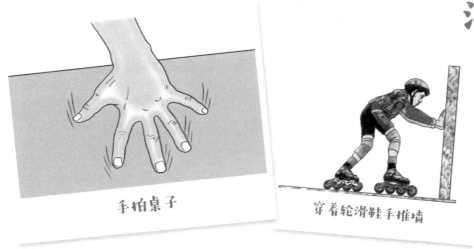

手拍桌子　　　　　　穿着轮滑鞋手推墙

当我们用桨向后划船时，手通过船桨会给水一个向后的力，水反过来也会给船桨和船一个向前的力。

船桨里还蕴含着杠杆原理。划桨时桨如同鱼的胸鳍和腹鳍一前一后地在水中划动，桨与人体上半身围绕支点构成一个费力杠杆。虽然划桨所用的力要比水的阻力大得多，但是人可以用较小的动作幅度让船移动更远距离。若按照杠杆原理改进桨、操作桨，能在划桨时以同样的力量得到更大的推船效率。

有的人划船，船在原地打转就是不前进，你知道怎么解决这个问题吗？划船时如果用一支桨，那就要在一边划一下，再在另一边划一下，船才会向前走。

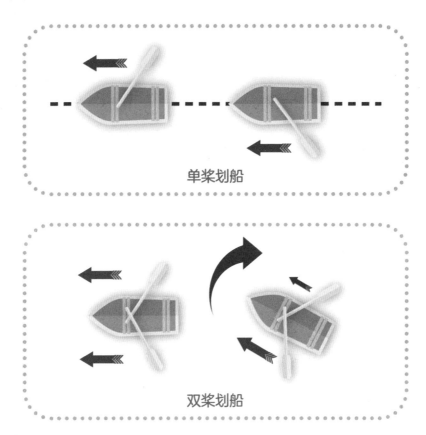

单桨划船

双桨划船

如果用两支桨，那就要一起划。注意用力一定要差不多，否则船容易打转哦！

你能解释这样做的理由吗？

时至今日，古老的篙和桨并没有退出历史舞台，在一些旅游景区的水上项目中仍然可见它们的踪影。

船桨的多样化

现代船桨演变出许多造型，有的宽大，有的歪斜；有的平直，有的弯曲，还有倾斜的；有的光滑，有的有凹槽。构造不同，划水效果也不同。船桨的材料既要有强度，又要自重轻，容易加工，如今除了木制船桨，还出现了新材料制成的船桨，如铝合金船桨、碳纤维船桨等。划桨的力学原理极其复杂，今天设计师正按照流体力学理论进行分析计算，以发明更有效的桨。

铝合金杆船桨

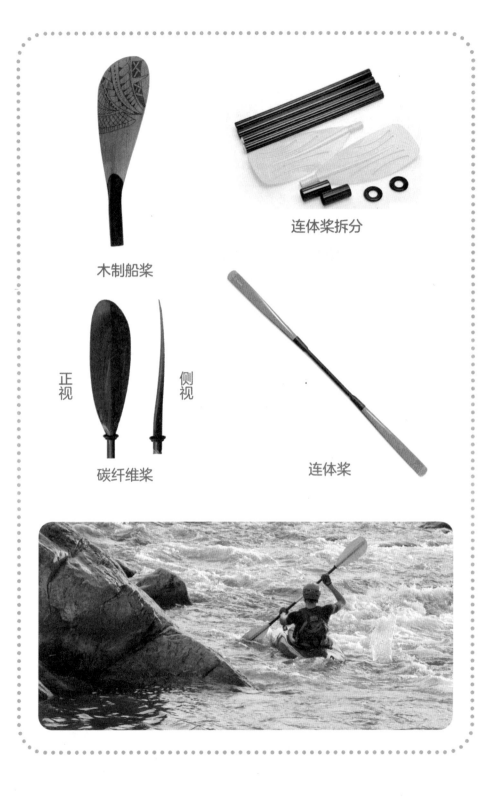

木制船桨

连体桨拆分

正视　侧视

碳纤维桨

连体桨

船桨除了单桨，还有连体桨。桨柄两端都有桨板，方便使用者在两侧轮流划水。桨柄还可以与船舷相连接，围绕船舷上的支点转动，有利于力量的发挥。

开发健身功能

划船是一项很好的健身运动，能锻炼到腿部、腰部、上肢、胸部、背部等全身80%的肌肉群，可以达到全身肌肉有氧训练的效果。

划船器就是一款具有创新意义的健身器械，使用它时不会受到必须在水上进行的限制。它不仅锻炼效果比较好，而且运动损伤的风险也比较小，因此受到了广大赛艇运动员、健身爱好者的青睐。

户外划船器

近年来，还诞生了一种简单易学、风靡全球的运动——桨板。它易玩、好玩，站着、坐着、跪着、趴着都能划行，在任何有水的地方都可以进行这项水上运动。

橹和轮桨

你划过船吗？是不是看上去挺优雅的动作其实还是挺费劲的。若是大船呢？不用猜，肯定更费力！有没有办法节省些人力呢？秦汉时期的"橹"应运而生。这就是橹的模样！

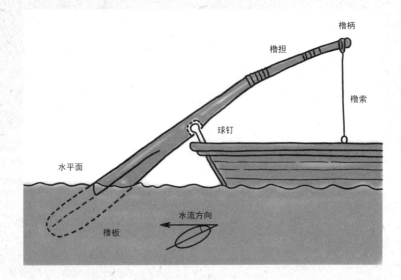

橹柄

橹担

橹索

球钉

水平面

橹板

水流方向

橹的基本构造示意图

它的外形有点像桨，但是比较大，支在船尾或船侧的球钉上，入水一端的剖面呈弓形，另一端系在船上。

中国古代画作中的橹并不少见，生动描绘了百姓日常生活的景象。船工们手摇橹索，灵活地转动深入水中的橹板。橹轻巧得连老人、妇女都能操控，是一种既省力又能连续推进船舶的工具，适用于所

探

文化之源

有船舶和水域。汉代以后中国盛行摇橹船。船上的橹可以安放在不同的位置；同一条船上既可以有多支单人橹，也可以十几人摇动一支大橹。

古画中的尾橹

古画中的边橹

古希腊人力桨船

与当时西方的普遍做法相反，中国船只从不靠增加桨的数量来增加船的动力，而是派更多的人去操作橹。摇橹比划沉重的大木桨可要轻松多了，古人曾用"一橹抵三桨"的说法概括橹的优点。

《清明上河图》中的多人摇一橹

从划桨到摇橹，是中国对世界造船技术的重大贡献之一。后者把间歇划水变为连续地划水，大大提高了机械效率。同样运用了连续划水技术的除了橹，还有轮桨。"轮船"的称呼由来可与它有关哦！

早在公元418年南北朝时期，中国人已经发明了桨轮船，古代称为"车船"。公元782—785年唐朝的杭州知府李皋改进了桨轮船。他在船的侧面和尾部装上大型的带叶桨轮，依靠人力踩动桨轮轴，带动轮轴上的桨叶拨水推动船身前进。

车船截面图

桨轮船的桨叶一半在水下，一半露出水面，所以也称为"明轮"。

中国发明和使用桨轮船比西方早了1000年，欧洲十五世纪末才提出轮船的设想。轮桨在我国创用之早，以及后来宋朝时车船种类之多、规模之大震惊世界。

明轮

桨轮船

古人之行

想不想再为你的木板船模型添加两个桨轮，让它成为一艘车船？按下面的步骤试试吧。

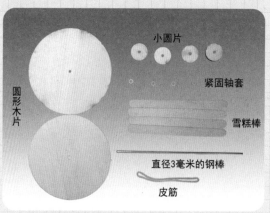

小圆片

圆形木片

紧固轴套

雪糕棒

直径3毫米的钢棒

皮筋

1

准备好这些材料。雪糕棒长度要大于圆片直径。圆形木片可用塑料、PVC发泡板等其他防水材料替代。

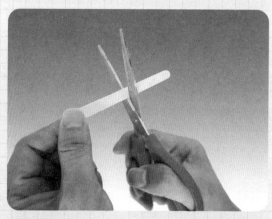

2

用剪刀将雪糕棒从中间剪断，用热熔胶将其竖直、均匀地粘接在圆片上，一端要伸出圆片边缘2厘米左右，制成轮桨。

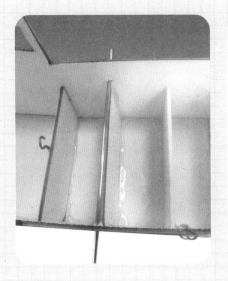

3

将钢棒穿入第三块隔水板两侧的孔中，钢棒穿入后要能轻松转动，孔不宜过高，要使轮桨穿入后外缘明显低于船底。

4

在钢棒的两端，依次插入小圆片、木制桨轮，并用紧固轴套固定圆片的位置。木质圆片与船身之间要留有5毫米的空隙，保证轮可以轻松转动。再用热熔胶将紧固轴套、木片、轴固定在一起。

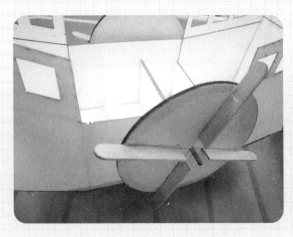

5

等木质桨轮的胶凝固后，把船放入水中，用手捏住钢棒顺时针或逆时针驱动桨轮转动，观察车船的运动方向。

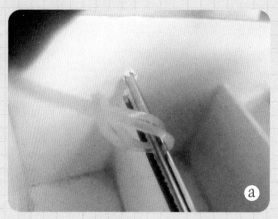

6

添加橡皮筋。想办法利用橡皮筋的弹力驱动桨轮顺时针或逆时针转动起来。

Ⓐ 把橡皮筋的一端缠绕在钢棒上。

Ⓑ 用热熔胶稍微固定橡皮筋。

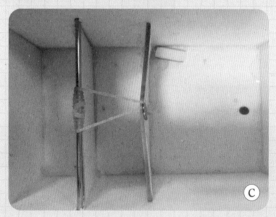

Ⓒ 在另一块隔水板上用热熔胶固定羊眼钉或回形针，用于拉住橡皮筋另一端。

试一试，增加了橡皮筋后，顺时针转动轮桨，松开后轮桨会向哪个方向转动？反之将怎样？

　　橹是依据鱼儿摇尾前进的原理而发明的。橹板如同鱼尾，始终没入水中，不会被提出水面，因此摇橹比划桨省力。

　　摇橹由推、挽、摇、转四步组成，连贯起来，动作的路线就像一个横着的"8"字形，使橹板始终在水中保持较小的角度连续运动，避免了扁平的橹叶横向划水，使摇橹变得较为轻松。因此，才有了"一橹抵三桨"之说。

　　细心观察，你还会发现靠摇橹前进的船总是有些左右摇摆。这是因为橹板划水时的角度，也就是攻角，它使摇橹的力量分解为船的前进动力和左右移动的力量，并利用水的反推力，使船在左右摇摆中前进。

　　桨轮船的出现是船舶推进技术上的一次重大进步，它使用脚力驱动带叶桨轮转动，使用的是轮轴原理。脚踏相当于轮轴中的轮，力量通过轴传递给更大的桨轮，转动的桨轮负责推动水。这样的结构可传递力量。另外，呈放射状排列的每一片轮叶可看作一支桨，桨轮一转动相当于让多个桨轮流划水，因此能有效地提高船速。

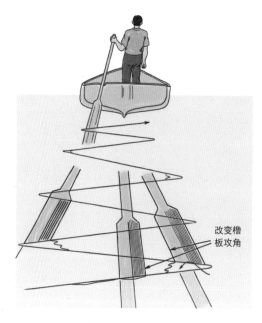

改变橹
板攻角

桨轮

櫓是中国在人力推进工具方面的一项独特发明。在以蒸汽机和内燃机作为船舶动力源之前的近两千年里，櫓一直是我国利用人力推进船只行驶的主要工具之一。近200年来，櫓和轮桨才被更高效率的蒸汽机和内燃机技术替代。现在的摇櫓人也越来越少了。

轮桨的演变

19世纪初，西方首次出现了蒸汽机明轮船。所谓"明轮船"，是指用蒸汽机带动位于船舷的两个大轮盘拨水使船前进。

19世纪末期，还出现了用汽油发动机和柴油发动机驱动明轮的新式轮船。两者都比蒸汽机更轻巧，更节省空间，能大大提高运输能力，降低成本。汽车就是使用它们燃烧汽油或柴油来驱动的。

随着螺旋桨的诞生，明轮失去了存在价值，在现代船舶上也消失得无影无踪。

螺旋桨的诞生

现代轮船靠螺旋桨旋转推进。螺旋桨用来替代传统的橹和轮桨，完全处于水下。螺旋桨推进器一旦用机器转动起来，胜于几百支、几千支橹，比用人力摇橹、机器驱动明轮更优越。英国海军部曾用两艘动力相当的螺旋桨船和明轮汽船进行水上"拔河"比赛，结果是明轮船被对手倒拖着跑，螺旋桨因此被世人认可。

船舶螺旋桨

螺旋桨不靠人力转动，与螺旋桨相连的引擎靠蒸汽机、汽油机、柴油机带动，后来在大型远航船舶或军用舰艇上还用上了核动力装置。

100多年来，工程师设计出了叶片数量不一、性能更优的螺旋桨，有用于海上巨无霸的超大螺旋桨，有可调整叶片角度的可变螺旋桨。

随着新技术的涌现，船舶动力装置自动化水平不断提高，各国还在争先发展喷水式推进技术。

喷水式推进装置

帆船

篙、桨、橹的动力都来源于人的体能，一旦想让装满货物的大型船舶驶向浩渺大海，仅靠人的肌肉那点很有限的力量就力不从心了。能否利用风的力量呢？毕竟古人和我们都有拿着伞被大风拉着跑的经历。由此看来，帆的发明就不难想象了。

漕舫圖

明朝小型师船

人类利用风帆行船已有5000多年的历史。我国使用帆的历史至少已有3000多年了。早期的帆只能利用从船尾方向吹来的顺风，这就是人们常说的"一帆风顺"。

行船并不是总是顺风顺水的哦！真实的情况是：遇到顺风的机会比侧风、斜风、顶风少得多。于是，古人逐步改进帆的形状、数量、张挂位置和方向，进而发展出能驶八面风、适应江河湖海航行的多桅多帆船。这说明古人很早就懂得多帆之间的相互影响对航行非常重要。

明朝郑和宝船有九桅十二帆

船帆很大，如何撑开、如何收叠是个问题。用竹子做的横条来加强可转动的梯形斜帆就是我们祖先的一项重要发明。帆面横向用竹条加固，韧性好，强度大，缩帆安全快捷。既可以逐块折叠，又可以让风帆紧贴着桅杆升起，有极高的受风效率。在强风的时候，一分钟不到就能缩帆并顺杆而下。

传统文化中的 STEAM
造船坊

　　帆船是人们乘风破浪航行的得力工具，在远洋航行中大显身手。

　　唐代诗人李白以"帆"为题材的美丽诗句，也如岁月般源远流长。

"长风破浪会有时，直挂云帆济沧海。"

"云帆望远不相见，日暮长江空自流。"

"孤帆远影碧空尽，唯见长江天际流。"

参考下面的步骤，为你的船舶模型加一面帆！

1

用热熔胶将一截铝管固定在模型船的第二块隔水板的前部。

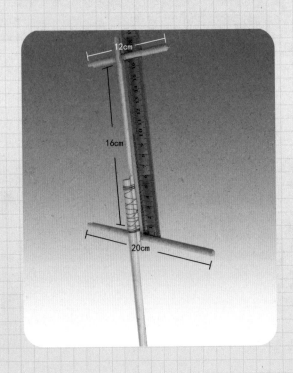

2

将一粗一细两根竹棒重合7厘米，用线扎牢，作为主桅杆，再按相应的长度裁剪两根细竹棒，用热熔胶将其垂直固定在主桅杆上。

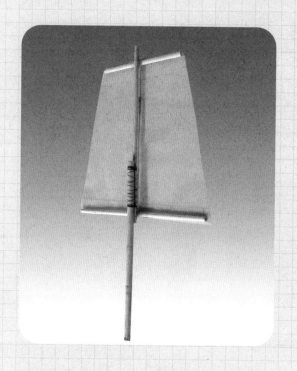

3

在塑料袋上画出一个上底
为13厘米，下底为21厘
米，高为18厘米的等腰梯
形；剪下来平放在桌上，
贴上双面胶，将桅杆放在
上面，轻轻按压桅杆使两
者粘牢。

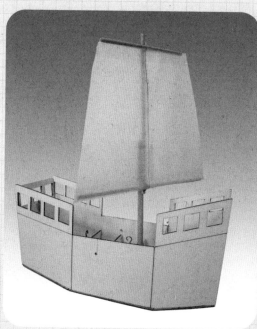

4

将桅杆插入铝管内，旋转
桅杆即可调节帆的角度。

将船放在水上，调
整帆的角度，观察帆的
角度与船前进方向有什
么关系。

船航行方向　　　　风的方向

　　帆船是靠挂在船上的帆受风力驱动来行驶的。在顺风的时候，风的动能作用在帆上，帆带动船前进，这正可谓一路顺风，一帆风顺。

　　但是，船行驶的方向并不总与风向一致。当刮侧风甚至逆风时，还能扬帆行船吗？答案是肯定的。这是因为船帆的横面一般呈弧形。空气要绕过向外弯的帆面，必须加快速度。空气在帆凸面（背风面）流动的速度比在凹面（逆风面）流动的速度快，对帆的压力小于凹面，帆就会带动船向背风面移动。这就是著名的"伯努利效应"。利用"伯努利效应"，调整好帆的朝向，让船走"之"字形，就能扬帆前行了。

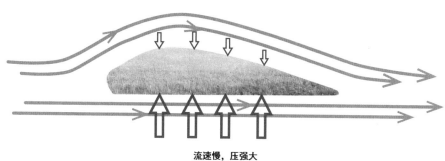

流速快，压强小

流速慢，压强大

在刮侧风时，先把帆的凹面斜对着风，让船向前斜向行驶，然后，再把帆调个方向，仍然让凹面斜对着风，使船换个斜向行驶的方向，这样，来回更换帆的朝向，虽然船在走"之"字路线，看似绕路，但总体是向着目标前进的。在逆风时，也可以利用这种转帆的方法来行船。

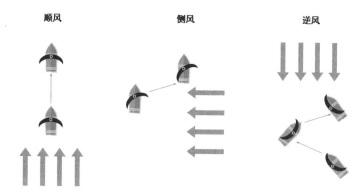

顺风　　　　　侧风　　　　　逆风

不同风向时的帆船航行线路

船手在驾驭帆船时，为了保持既定的航向，既要根据风力的大小来调节帆的面积，更要随着风向的变化，经常改变帆的位置和帆角。帆船受风面积越大，所接受的风力也越大。大型船舶采用多桅多帆结构，降低桅杆高度，控制单帆的面积，可以在获得大推进力和高航速的同时，让船体各处受力较为均匀，确保船的稳定性与安全性。

人类使用帆船的时间很长。直到19世纪，世界上一些大型的船还是帆船，有的帆船桅杆高达30米，挂帆30多面。取代风力的变革源于蒸汽机的运用。1802年美国富尔顿制造了世界上第一艘蒸汽动力轮船。蒸汽动力船摆脱了风对航速和航向的束缚，让驾驶船变得更加简单轻松，船的稳定性也因此得到增强。后来，庞大的蒸汽机，又被燃油的内燃机甚至核动力取代。

新式帆船不断兴起

进入20世纪后半叶，为应对能源危机和环境污染，借助于风力这种清洁能源的现代帆船，重新焕发了活力，各种新型帆船不断涌现。

全球十大帆船之一——"马耳他猎鹰"号，属于混合型帆船，于2006年夏季建成下水。它既可靠引擎推动，也可张开帆靠风力航行，10日之内就可横越大西洋。

日本的东京大学发起"风力挑战者"项目，设计了一种可伸缩船帆加发动机的混合动力船，能通过调整伸缩船帆方向获得最大的推进动力，大约可以减少30%的油耗。

还有一种大型旋筒风帆混合动力船，圆筒风帆旋转也能产生推力，推动船舶前进，为船舶提供辅助动力，达到降低燃料消耗、减少污染排放、优化能效利用的效果。

目前，全世界已经建造了上百艘大型现代帆船，在节约能源和环境保护中起了重大作用。飞速发展的尖端科技为古老的帆船插上了永不停息的翅膀。到21世纪中期，在海洋上将会出现巨型帆船和大型机动轮船"比翼齐飞"的壮观景象。

帆船运动方兴未艾

帆船运动集竞技、娱乐、观赏、探险于一体，深受人们的喜爱。它作为一种水上运动已经被列为奥运会比赛项目。以大海为背景，以帆船为载体，与大自然亲密接触，不仅可以强健体魄、锻炼协调性，更能够培养青少年勇敢、独立、自信、专注等重要的性格特征，非常有利于青少年的身心发展。

转轴舵

控制航向

造虹坊

舵与桨不同。桨是通过划水所产生的反作用力来推动船只前进的。舵不划水，而是挡水，它可以准确掌握和控制船舶的航行方向。

舵一般是由舵板和舵杆所组成的。舵板是一块平板或具有流线型截面的板；舵杆是与舵板相接的圆轴，能带动舵板左右转动。

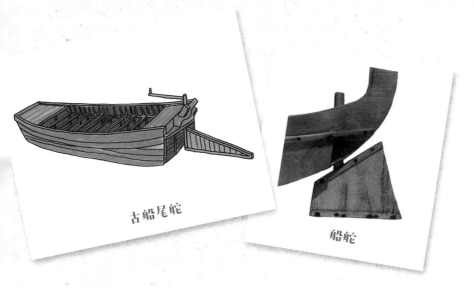

古船尾舵

船舵

船舵是由桨演变来的。早期的桨，在船舷两侧划动用以推动船舶前进，当两侧桨推力不对称时船舶会发生转向，因此桨也具有操纵航向的功能。后来桨的推进和操纵功能逐渐分离，演变出专门用来控制船舶航向的船舵。出土文物显示，我国东汉时期就已经有了船舵。

东汉陶船模型设有船尾舵　　　东汉灰陶船模的船尾舵

　　早期的尾舵，舵杆多固定在舵面的一侧，转动时费力且不灵活，于是发展出了平衡舵。平衡舵的舵轴偏向舵板的一侧，舵板在水流作用下容易摆动。

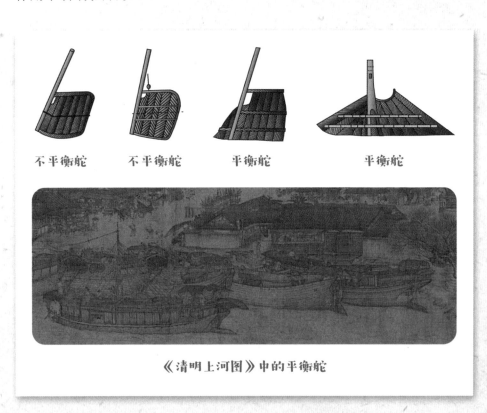

不平衡舵　　　不平衡舵　　　平衡舵　　　平衡舵

《清明上河图》中的平衡舵

宋朝时还出现了升降舵和开孔舵。升降舵的舵杆可以升降。由于船航行时水域深浅不一，当航道水浅时，用铁链将舵升起，以免舵叶插入河底泥中；当航道水深时，可使舵下降。开孔舵的特点是舵板上有许多小孔，小孔不影响舵控制航向的作用，还能使舵在水中转动起来更容易。

升降舵

开孔舵

"大海航行靠舵手"，这说明舵和舵手很重要。用桨、橹推进的船舶可以不需要船尾舵，而帆船却非要有船尾舵不可，没有的话，船只会随风漂荡，偏离既定的航向。正因为如此，古人称船舵为"凌波至宝"。

中国在2世纪就发明和使用了船尾舵，比欧洲早了近1000年，平衡舵的使用也比欧洲早了800年。平衡舵是中国造船技术中一项重要的技术发明，对世界航海技术的发展有着重大贡献。

美国科技史学者罗伯特·K.G.坦普尔在他的《中国：发明和发现的国度》中写道：如果没有从中国引进船尾舵、指南针、多重桅杆等改进航海和导航的技术，欧洲绝不会有地理大发现的航行，哥伦布不可能远航到美洲，欧洲人也就不可能建立那些殖民帝国。

宁波船

试着为你的帆船添加一个船舵吧！

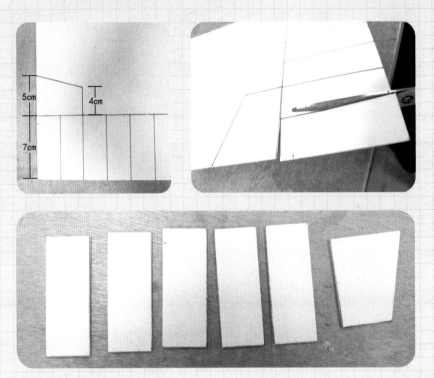

1 在PVC 发泡板上按标出的尺寸画线，用剪刀沿线一一剪下来。

2 用双面胶将5 块长方形板粘贴后固定在船舱的尾部。

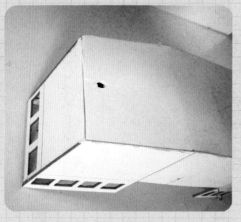

3 在船底后部离边线1.5厘米的地方，打一个孔径小于竹筷的圆孔。

4 剪下10厘米长的竹筷用热熔胶粘上直角梯型PVC发泡板，做成舵。

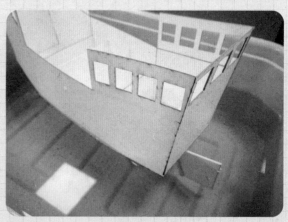

5 待热熔胶彻底凝固后，将舵杆紧紧插入船尾圆孔中。

向正前方轻推船身，尾舵在什么度时，船有可能沿直线航行？尝试调尾舵的角度，继续向正前方轻推船身观察船是怎样转向的。例如，在2°45°时，船的转向有何不同？

舵控制行船方向靠的是水流的力量。当船需要直线前进时，如果推进力也是向前的，只要把舵的方向保持与推力方向一致便可，此时的舵顺着水流的方向，不会对水流形成阻碍。

当需要让行驶的船转向时，就需要调整舵的方向了。如果想让船向左航行，就把舵板转向左面。这时，水流冲击舵的左面，试图让舵板顺着水流的方向。可是，舵与船相连，而且由于掌舵人的控制或固定在船上机械装置的作用，使舵无法被水流挤压得改变方向，那就只能把这个挤压的力量传给船，迫使船左转。

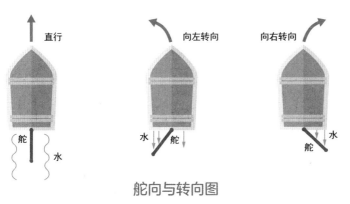

舵向与转向图

此刻，舵与船身就好比是一个改变用力方向的杠杆，而固定舵的地方，就好比是这个杠杆的支点。

舵利用杠杆原理

平衡舵使操舵变得更轻松。一般的船舵，舵板在舵杆的一侧，而平衡舵的舵轴杆向舵板的一侧，看起来就好像是多出来了一块小舵板。

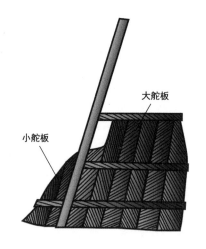

大舵板

小舵板

在船航行时，由于这块小舵板与大舵板是一体的，而且方向相反，它会抵消一部分大舵板迫使船转向的力，使操控舵比较省力，转舵也更自然轻松。平衡舵较多地用在人力把舵，并且不需要急转弯的船上。

平衡舵

在舵板上开孔有三个目的：

1.减小舵的质量，增加船的载重量；

2.节省造舵的材料；

3.便于把舵。在调整舵板的方向时，空洞会让一些水流通过，舵板受到的水流挤压力就会减小，使把舵的人能用较小的力量控制住舵的方向。开孔舵同样不适合用于需要急转方向的船。

开孔舵

观

后续发展

舵是保证船舶正常航行必不可少的设备。直到今天，舵仍然是船舶的主要操纵工具。平衡舵和开孔舵使转舵较为省力，对控制船只航向有较好的效果，这一技术至今仍是船舶设计中降低转舵力矩的一个普遍和有效的措施。

古代船只的舵一般使用强度比较大的硬木，现代船舵采用的是钢或铝合金等强度更高又能减轻自重的金属件。舵的形状也从简单的平板舵发展到今天的流线型舵。其种类也很多，无论是从外形看，还是按支承情况分，都各有千秋。此外，还有各种特殊用途的"特种舵"。

几种常见的舵

多支撑不平衡舵

双支撑平衡舵

悬式平衡舵

半悬式半平衡舵

现代船舶可在驾驶台控制舵杆的运动。所安装的由电脑控制的电子传动同步电信号装置，包括手动控制的操纵盘。它与汽车方向盘差别不大，采用液压或机械传动装置连接舵杆和舵盘。

船舶驾驶台

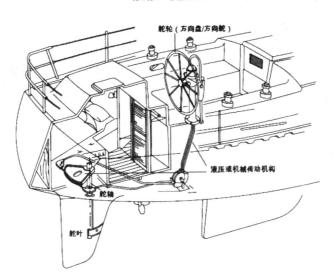

现代船转向系统构建

停船固位

锚

划船时你一定有这样的经验：当船浮在水面上，不去划它，它就会随波逐流地漂，或被风刮走。如果想让船停住，别自己溜走，就需要有东西把它拴住。船自带的"定身法宝"就是锚。

古代的锚是一块大石头，或是装满石头的篓筐，称为"碇"。人们将碇石用绳系住沉入水底，利用石头的重量拖住船体使船停泊。

新石器时期的碇石

7000 年前重15.6 千克的碇石

然而，风浪太大或水流太急时，石块的重量不够，常常系不住船只。人们从树根扎得深才使大树不倒的现象得到启发，逐步创制出木锚——椗。椗是用比重较大且较坚硬的木料制成。椗爪的本领很大，一旦插入土中抓牢，便非常稳固。木锚抓力强，石锚重量大。汉代人创造出兼有二者优点的木爪石碇，在石块两旁系上木爪，靠重量和抓力使船停泊。这种木石结合的锚物，其稳定船只的能力成倍增加，成为更有效的系泊工具。

木石结合碇模型图

宋代海船上的木爪石碇

　　明代又出现千斤以上的四爪铁锚。这么大铁锚的制作工艺非常了得，一道工序需要多人合作才能完成哦！

《天工开物》中的锻造锚

四爪铁锚

大型船舶的锚很大、很重，单靠人的双手来控制锚的升降是很困难的，因此，古代都在船上设置绞车来进行起锚和抛锚的工作。

传统文化中的 STEAM
造船坊

船模型就要完成了，最后来为你的船模添加上船首锚吧！

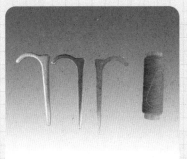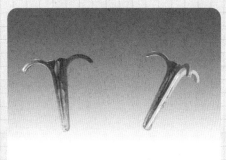

1　准备两三个钩钉，用热熔胶连接、固定钩钉。

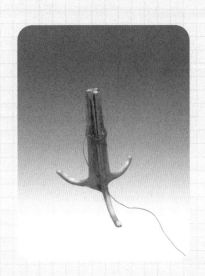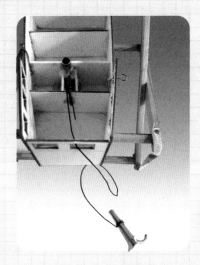

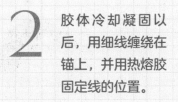

2　胶体冷却凝固以后，用细线缠绕在锚上，并用热熔胶固定线的位置。

3　将细线的另一端固定在船首的隔板上。

4 简易船锚添加好了，你的帆船大功告成了吗？你还可以根据喜好在船身绘制彩色图案，让你的船更加独特醒目！

锚不用时，要放在船舱内；需要使用时，丢入水中，水中一定要有泥沙哦！

要想使水面上的船牢牢地停住，仅靠船锚本身的重量是无法管住船只的，而是要靠锚的拖拽阻力。

从船上把锚抛下后，要让锚到达水底。锚碰到水底后，就会倒下来。这时，船运动的力量就会使它侧着身子插入水底，依靠水底沙石、泥土的阻力，阻止船漂走。

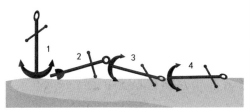

有杆锚的抓底过程

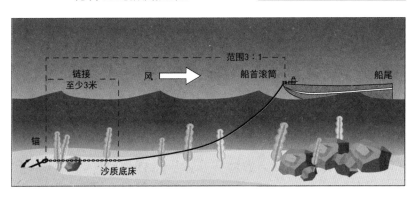

锚固定船只示意图

锚能提供的阻力不但与它的大小有关，还与水底质地等因素有关。如果水底是坚硬平滑的岩石，锚不容易钩住岩石，导致船无法固定。即使钩住了岩石，也无法回收锚，导致锚的浪费。所以，在江河湖海里都有固定的抛锚地点，这些抛锚地点还需要做定期维护。

　　小船的锚比较小，也比较轻，可以用人力提到船上。船越大，需要的锚就越大、越重。这时，就需要用到一些机械来帮忙，如绞车。绞车属于省力的轮轴，把锚链绕在轴上，转动轮轴，就能较为轻松地把锚提出水面。

　　现代轮船通常使用电机来带动绞车转动，收放船锚。

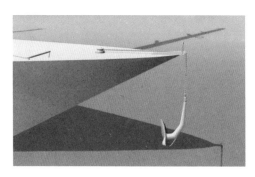

收放船锚

锚专用绞车

现代船舶仍使用船锚将船舶安全可靠地停泊在预定的水域或海区。船锚不是根据海底有多深就设计多长的。如果水深超过100米，一般就选择漂航，因为过长的锚链会导致锚机负荷过大而无法绞起锚链。

油轮上的锚

随着船舶吨位的不断增大，锚的形状、结构和性能都发生了很大的变化。

锚的种类很多，并根据使用效果在不断改进。19世纪初，有杆锚是船舶的主要锚型，虽然抓底的稳定性较好，但它露出泥土朝上的锚爪易缠住锚链，还可能刮坏过往船只的船底。19世纪末无杆锚诞生，它取消了横杆，起锚和收藏都很方便，对各种土质的适应力强，现已成为主流船锚。

有杆锚   无杆锚

20世纪50年代，出现了大抓力锚，大抓力锚的抓力是普通锚的2倍。现今商船上普遍都采用无杆锚和大抓力锚。

尾翼式锚是我国研制的一种新锚型。其锚头重心低，助爪突角宽厚，各方面性能优异。

尾翼式锚   大抓力锚

特种锚一般不直接投放到海床中，而主要是供浮筒、囤船、浮船坞等使用的永久性系泊锚。

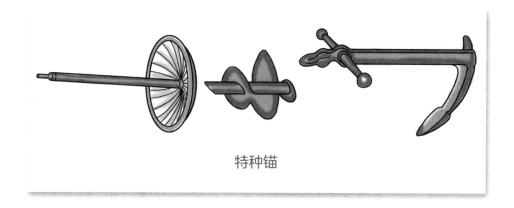

特种锚

　　为了让钻井船或半潜式钻井平台固定位置，也要用锚泊系统将它们系留于海上，限制风、浪、流引起的漂移。锚的种类还有很多，除了拖拽嵌入式锚，还有重力锚、吸力锚、垂向荷载锚、桩锚，其定位水深通常可达200米，更大水深可达800米。

　　锚是确保船舶安全的一种不可缺少的设备，被海员视为"守护神"。随着航运事业的发展和科技进步，相信未来船锚一定还会大放异彩。